AF465705

NOTICE HISTORIQUE

SUR AVROULT,

par

L'ABBÉ ROBERT,

Curé de Merck-St-Liévin,

Et Membre de plusieurs Sociétés Savantes.

NOTICE HISTORIQUE

sur Avroult,

Par l'ABBÉ ROBERT, CURÉ de Merck-St-Liévin,

Et Membre de plusieurs Sociétés Savantes.

> « *On nous voit pour l'ordinaire ,*
> « *Piller le survenant, nous jeter sur sa peau*
> « *Malheur à l'écrivain nouveau.* »
> (LAFONTAINE.)

Depuis que les hommes vivent en société, il serait bien difficile de citer une époque qui n'ait pas eu ses censeurs et ses critiques; « des esprits faits de telle manière, que rien au monde ne peut mériter leur approbation; des esprits tellement tourmentés du besoin de contredire, que toute chose est blamée par eux quoiqu'on dise et quoiqu'on fasse » ; l'envie et la médiocrité ne sont pas étranges à cette anomalie.

Convaincu de cette vérité, le judicieux auteur des sièges d'Arras n'hésite point à dire : qu'il voit avec peine partir son livre; le Baron COPPENS ajoute , en publiant ses vers

> . . . . « Adieu mon beau rêve ,
> « Je vous livre à ce monde, où j'eus aussi mon jour,
> « Mais son accueil de glace a fait mourir ma sève. »

L'historien de St-Pol, par la même raison, ne peut se défendre d'un sentiment de crainte : *Va pauvre petit livre*! dit-il : et moi, aussi tout neuf dans une carrière si épineuse, que n'ai-je point à appréhender?

Néanmoins avec l'une des gloires du Pas-de-Calais, que son rare mérite a exposé à la haine, et à la calomnie de ses rivaux. Je dirai : j'ai trop avancé pour regarder en arrière, j'ai continué à marcher. » (1)

Fier donc du suffrage de personnes éminemment savantes, et de l'accueil bienveillant qu'elles ont fait à mes premiers essais historiques, je viens hasarder quelques notices encore, sur le canton de Fauquembergues ; mêlant ainsi ma voix à des voix plus éloquentes, et unissant mes efforts à des efforts plus puissants.

Après tout, dirons-nous avec Piers, « ces antiquailles qui provoquent le sourire dédaigneux de nos oisifs ignorants, ou de nos frondeurs pédantesques seront comme des jalons jetés pour indiquer la route; et populariser l'histoire locale, dont l'utilité maintenant, est généralement reconnue. »

Que ne mettons-nous la main à l'œuvre, abstraction faite de ces petites misères d'amour propre, pour secouer la poussière des archives de nos villes, et de nos campagnes? « Quelque salutaire moralité se trouve d'ailleurs ordinairement au fond d'une chronique poudreuse, sur l'éclat effacé d'une médaille séculaire, ou dans le débris mutilé d'un meuble gothique. »

Nos communes auraient ainsi leurs annales, où chacune d'elles pourrait retrouver ses archives particulières, tout ce qui dans le passé, se rattache à son origine, à l'étymologie de son nom, à ses développe-

(1) M. *Papeleu de Nordhout*, écrivait dans le *Mémorial* en Octobre 1846, touchant la publication des opinions « que les hommes de cœur et de sens qui se sentaient quelque valeur, quelque spéciale science, devaient en faire autant, en dépit des retentissants commérages des sots et des ignorants, des envieux et des perroquets. »

ments successifs, à son clocher à ses coutumes locales, enfin à son administration intérieure.

Et maintenant qui ne connait point *Avroult*, ce petit village si pittoresquement placé sur la route royale de St-Omer à Rouen n° 28; à 4 kilomètres 1/2 de Fauquembergues, et à 16 de l'antique *Sithieu.*

Le site élevé de cette commune, nous donnera tout naturellement son nom : *Avrout, altus, Advroult*, *vers* le *haut.*

Cette étymologie me paraît très conforme au sentiment d'un professeur émérite, sur l'origine des dénominations diverses qu'ont reçues les villes et les bourgades, Amédée Thierry dans son histoire des Gaulois, nous fournit par une induction toute naturelle la racine du mot *Advroult.* « Ces nations selon lui, adoptaient généralement des noms tirés de la nature du pays qu'elles occupaient. Ainsi *Arvernes*, mot Celtique, signifiant hommes des *hautes-terres*, peut autoriser l'explication que nous donnons ici sur l'étymologie du nom de cette commune.

En effet *al* chez les Celtes, voulait dire *élevé*, correspondant à l'*altus* des Latins; *Advroult*, *vroi* ou *vrou verum vraiment élevé*, par opposition à Merck-St-Liévin, son chef-lieu, qui est plus de cent mètres au-dessous, dans la riante vallée de l'Aa, *Great-river* des Anglais.

Effectivement l'une des plaines d'Avroult offre à l'œil observateur un immense panorama : ainsi on y aperçoit d'un point donné, les silhouettes des clochers de plusieurs communes : de Dohem, de Cléty, d'Herbelles, les bois de Bomy, de Fruges, de Coupelles, de Fauquembergues, et à l'extrême horizon, la ville de Cassel, le mont *des Cats*, le mont *Rouge* et une partie de la Belgique.

Ces contrées autrefois comprises dans la vieille Morinie, étaient, comme on le sait, plongées dans les ténèbres de l'idolatrie ; la véritable religion prêchée d'abord en 260 par saint Victoric et saint Fuscien, y était presqu'éteinte, et la plûpart vivaient obstinément attachés au culte de leurs idoles, « *ayant des mœurs brusques*, et *estant très difficiles à gouverner.* »

Saint Omer vint donc évangéliser de nouveau ces peuples barbares, vers l'an 637, et Avroult eut le bonheur d'entendre ce saint prélat.

Et d'abord, d'après un ancien manuscrit (1), « l'apôtre de la Morinie se dirigea vers Renty et les lieux des environs *qui contenoient un assez grand circuyt* dont en *estoit* seigneur le comte Wambert. Il visita spécialement *les quartiers septentrionales du dict Renty*, où il y *avoit plusieurs villages, dont le dict comte Wambert en estoit seigneur.* Ce *fust dans ces contrées que notre sainct évêque s'efforça de divulguer les rudiments de la foi chrétienne, y ayant un peuple rude, vagabond et mal cultivé.* De Renty, il alla à Journy, puis à Boulogne, et c'est à la suite d'un miracle qu'il *fist* alors à Journy qu'il acquit cette terre du comte Wambert. »

« Pendant son séjour dans ce pays, saint Omer se retirait souvent au *village de St-Liévin*, qui est entre *Ouve et Merk, guerre loing* de Sithieu. On y voit encore *un lieu sousterain au chasteau*, dit la *Motte Warnecque*, assez difficile et profond, où St-Omer au rapport *des anchiens* habitants, célébroit fort souvent le saint

(1) Page 32. Ce manuscrit appartient à M. l'abbé BINET, vicaire de St-Denis à St-Omer.

sacrifice de la messe, *sur un autel dressé dans un coin, pendant à la voute du lieu : car encore que saint Omer étoit aveugle, il ne laissait de célébrer journellement la sainte messe, dans cette caverne*, ou *retraicte*, (1) ayant *selon l'opinion d'aucums*, servie au glorieux martyr *saint Liévin*, où il se trouvoit *à l'abry, et à l'écart, pour vacquer à l'Oraison*, et *autres exercices divins.* »

A cette époque saint Omer habitait le village de Wavrans, à quatre kilomètres de la Motte *Warnecque*, où saint Liévin, selon Harbaville, aurait résidé l'espace de quatre années.

C'est en quittant cette dernière commune, que ce grand saint cueillit la palme du martyre, à Esck, près de Gand, vers l'an 634.

Ces peuples que le Christianisme avait civilisés, furent bientôt replongés dans la barbarie, par des hordes de Normands qui vinrent s'abattre tout-à-coup dans ces contrées, renversant les autels du vrai Dieu, et laissant partout des traces affreuses de leur passage.

En effet, c'est vers l'an 881 et 882, qu'Avroult, comme le reste du pays, souffrit toutes sortes de cruautés; un siècle après, il fut le témoin, et peut-être la triste victime, de la lutte acharnée d'Arnould, comte de Flandre, et de Rodolphe, roi de Bourgogne, qui taillèrent en pièces les Normands, au-dessus de Fauquembergues, en l'année 981.

D'autres calamités que les factions et les guerres féodales attirèrent sur notre belle France, succédèrent bientôt à ces scènes d'horreur.

(1) Nous y avons fait opérer des fouilles en 1845 ; elles sont restées infructueuses.

Piers, dans ses variétés historiques, sur la ville de St-Omer, semble nous autoriser à dire que le roi Philippe-Auguste, après la séparation de la Flandre et de l'Artois en **1192**, aurait traversé le hameau d'Avroult. Ce monarque, dit-il: « vint avec toute sa Cour à Hesdin, d'où il ne tarda pas à se rendre à St-Omer, » en suivant, sans doute, la route que parcourût plus tard, l'infortuné roi Jean; à savoir: *Avroult*, Fauquembergue, Fruges, etc.

En **1198**, Fauquembergues, Avroult et ses environs, furent de nouveau ravagés, lorsque Renauld, comte de Boulogne, vînt tenter inutilement le siège de l'ancienne ville de Fauquembergues.

Un siècle après, comme David, seigneur d'Avroult, remplissait à St-Omer, la charge d'Échevin, les Anglais traversèrent cette localité, pour se rendre à Fauquembergues, où ils livrèrent une bataille acharnée vers l'an **1270**.

Ces guerres incessantes firent naître de salutaires réflexions à quelques-uns des nobles seigneurs d'Avroult : pensant à l'inconstance et à la fragilité des choses humaines, Jéhan, seigneur d'Avroult, fit, selon Deneuville, en **1286**, la remise de *sept septiers* d'avoine, à la ferme du Valrestaud (Thiembronne), rente qu'il touchait tous les ans, à condition « qu'on lui chantât un service anniversaire, dans la chapelle dudit Valrestaud, lieu de sa sépulture, et qu'à sa mort on le revêtît de l'habit de l'ordre. »

De même; Antoine Boubert, 36me abbé de St-André-au-bois, a consigné dans sa chronique; que Jacques d'Avroult légua, en **1287**, à l'église de son abbaye, *sept autres septiers d'avoine*, de rente annuelle, et *treize livres tournois*, sur le Valrestaud, pour un service à dire chaque année, dans la chapelle de cette maison, oú il voulut être aussi inhumé, avec l'habit des religieux de ce monastère.

Le grand cartulaire de St-Bertin nous a transmis les noms de plusieurs descendants de l'antique maison d'Avroult. (1)

Ainsi, en 1320, elle comptait pour chef, monseigneur Nicole le Walc, Chevalier sire d'Avroult;

Rasse d'Avroult, mayeur de St-Omer, en 1376, et l'un des *dix jurés*, David d'Avroult, en 1377.

L'échevinage de St-Omer avait parmi ses membres les plus distingués, Guillaume d'Avroult, en 1384, ayant laissé après lui, un fils du même nom, 1407.

En 1412, sire Aleaume d'*Averhoud* faisait partie de plusieurs *Keures* à St-Omer.

La trop mémorable journée d'Azincourt légua à la postérité le nom désormais immortel, de Guillaume d'Avroult, comte de Licques, dont le corps recueilli parmi les braves qui périrent sur le champ de bataille, fut inhumé dans l'église St-Denis à St-Omer, en 1415.

Après cette désastreuse affaire, les vainqueurs de ce *Waterloo* du moyen-âge, traversèrent Avroult, couverts de leurs lauriers sanglants, ainsi que les derniers Plantagenets. — A quelque temps de là, St-Omer avait pour échevin, David d'Avroult, en 1435; et pour 2me mayeur, un autre seigneur, David d'Avroult, 3me de ce nom; pendant les années 1440, 1442, 1444 et 1446.

(1) Je dois ici à M. Alex. HERMAND des remerciments bien sincères pour la note grâcieuse qu'il m'a communiquée, touchant les Seigneurs d'Avroult.

DENEUVILLE, dans son manuscrit, nous dit : que Jacques d'Avroult, le remplaça en cette même qualité, vers l'an 1460.

L'un des descendants de cette illustre lignée, Nicole d'Avroult exerçait avec distinction l'emploi de Mayeur de St-Omer en 1478 et en 1481.

Son écusson portait d'or et de sable de six pièces au canton d'Hermine dont la bordure était engrelée de gueule.

A partir de cette époque Avroult devint l'apanage des puinés de la maison de Licques.

En 1494 le *Minck* de St-Omer était en Office Royal, la propriété du sieur Martin d'Averhout. Le magistrat en fit l'acquisition le 26 mars.

Le 14me siècle « était le temps des chevauchées contre les Anglais, et des invasions réitérées de ces insulaires. » On sait qu'alors le duc de Lancastre, ainsi que le comte de Buckinghem, comme un fléau dévastateur, ravagèrent tout l'Artois, et que les communes de *Wisernes*, d'*Edequines*, d'*Hellefaut*, de *Clety* et d'*Avroult*, furent incendiées, par Warwick et quelques troupes anglaises, pendant les années 1370, 1406 et 1412.

Marquines avait pour seigneur en 1443, David d'Avroult, (*grand Cart. de St-Bertin.*)

Henri V, et le malheureux Jacques Ier, fils de Robert III, roi d'Écosse, se rendant de St-Omer, à Fauquemberques et à Thérouanne, traversèrent Avroult, en 1420, ainsi que plus tard, en juillet 1475, Edouard IV, et le duc Charles; lorsque partis de St-Omer, ils vinrent par Fauquembergues, visiter pendant deux jours, le champ de bataille d'Azincourt... Cruel plaisir!.... A leur retour à Fauquembergues ils y élevèrent une tente « *la plus belle de jamais.* »

Les archives de St-Bertin rapportent que Monseigneur Jacques d'Avroult en son vivant, Chevalier et Seigneur d'Hellefaut, 1464, eut plusieurs enfants : Antoine d'Avroult, François d'Avroult, Jean et Guillaume d'Avroult, devenus plus tard seigneurs de Cormette et d'Hellefaut.

Ce dernier fut nommé Mayeur de St-Omer pendant les années 1504, 1506, 1516, 1517, 1518 et 1519, son écusson était fascé d'or et de sable, de six pièces au franc canton d'Hermine.

Indépendamment de la seigneurie d'Avroult, Jean possédait encore celle d'Hervart, en 1513.

La ville de St-Omer reconnut, en 1520, pour son Mayeur, sire Antoine d'Avroult, Ecuyer Seigneur de Wimzelles, et ensuite d'Hellefaut. A la mort de Guillaume son frère, il prit ses armoiries, d'après Deneuville.

François d'Avroult s'était uniquement voué au service de Dieu; religieux de St-Bertin, il fut élu à la prévoté de Bergues St-Winoc qu'il quitta bientôt pour celle de St-Pierre de Gand. *(Cart : : suppl : pag, 41)*.

Jean Derheims et Vuatiné dans leur *Guide descriptif et historique* de l'arrondissement de St-Omer, font mention d'un Antoine d'Avroult religieux, né à Aire, qui fut maître-directeur du Collége de Bruges et ensuite de Louvain. Prédicateur excellent, on a de lui, les *Fleurs des exemples*, et un traité de l'éloquence de la chaire. Benoist d'Avroult, capitaine distingué, vivait à la même époque, il fut tué en duel singulier, par un comte de St-Pol dont on ignore le nom.

Selon les mêmes auteurs, et *les Mémoires* de la Morinie, les principaux membres de cette illustre famille, furent inhumés dans l'un des Caveaux de l'église de St-Denis à St-Omer.

Ce sont : Guillaume d'Avroult, tué à la bataille d'Azincourt, le 25 Octobre 1415, Messire Antoine d'Avroult, Seigneur du lieu, d'Helfaut, Winnezelles, Marquion, mort le 30 Octobre 1502; Marie de Lens, épouse de Sire Antoine d'Avroult, décédée le 22 Juin, 1590. Dame Jenne de Renty, seconde femme et veuve de Sire Antoine d'Avroult, morte le 22 Juin, 1595; Messire Antoine d'Avroult II, Seigneur dudit lieu et d'Hellefaut, mort en 1606; enfin Dame Marie d'Avroult Comtesse de Vertin, décédée le 17 Novembre 1671.

A cette époque la terre de Winnezeelle était encore dans la dépendance d'Avroult.

On remarquait autrefois dans cette église au-dessus du maître-autel un *joli Tableau* donné par Antoine d'Avroult, Mayeur de St-Omer en 1533. Ce tableau des premiers temps de la peinture à l'huile, dû au pinceau de Collin Culter, représentait le Christ descendu de la Croix; — il décore aujourd'hui la chapelle des Frères de la Doctrine Chrétienne.

M. Louis Déchamps, ingénieur des ponts-et-chaussées, membre de la Société des Antiquaires de la Morinie, nous dit, tom. 6, des Mémoires de cette Société, que le pavé de cette église contient plusieurs pierres sépulcrales, qui, à cause de son repavement ont dû être changées de place, dans la première chapelle à droite, nommée Notre-Dame du Rosaire, au milieu, se trouve une pierre grise avec cette inscription :

« En l'an M. CCCC et VII furent Werpies à cheste église XXX livres, par ans de rente fonsière, et X livres par an, en ahout, pour une messe perpétuelle dire pour chascun jour, en cheste chapelle, par capellains, à l'élection des Curés et Marglisiers, de cheste église pour Guillaume Daverhoud, Escuyer Seigneur de Morquines, et pour ung anniversaire notable pour lui, le XXVIIme jour d'Octobre, que il trépassa auquel doivent être offertes six candailles. »

Item. sont ordonnés XV livres de rente sur deux maisons joignant West au gaiant ou brûle, pour dire IIII anniversaires par an, pour feu Guillaume Daverhoud escuier, fils de feu Guillaume devant dit, lequel trépassa à la bataille d'Azincourt. »

On y voit en outre deux grandes pierres bleues, en mauvais état. L'une d'elles porte un chevalier armé de toutes pièces, les pieds appuyés sur un levrier, et ayant autour de lui, cette inscription :

« Cy gist Guillaume d'Avrehoult.... lequel trepassa l'an..... »

Le reste de l'inscription est caché par la boiserie de la chapelle ce qui empêche de voir, si c'est bien la pierre dont parle M. Eudes dans son travail. Voici au reste ce qu'en dit cet auteur : en réparant au mois de Juillet 1808, le pavé de la chapelle, dite de la Ste-Famille, on découvrit un caveau, sous une grande pierre bleue qui en fermait l'entrée ; on voit sur cette pierre un guerrier représenté avec ses armes de bataille, et on lit à l'entour ces mots : Cy gist Guillaume d'Averoult, comte de Licques, qui mourut en la bataille d'Azincourt, 25 octobre 1415.

Ce caveau avait huit pieds de profondeur, douze de

longueur, et huit de largeur ; sa voûte blanchie autrefois, n'avait presque rien perdu de son éclat. On y trouva quelques restes de planches presque pourries, de la paille non encore réduite en poussière, de la chaux à demi éteinte, un lambeau de suaire à peu près consumé, quelques ossements et deux têtes. Les cercueils paraissaient avoir été placés sur des barres de fer qui traversaient le caveau. Le coloris de la peinture des armoiries représentées sur la voute, était bien conservé. »

Dans notre histoire de Fauquembergues page 145, nous avons dit que la Seigneurie d'Hervart appartenait en 1560 à sire Antoine d'Avroult, seigneur d'Hellefaut, et gouverneur de Quesnoy-le-Comte.

Marie d'Avroult, comtesse de Vertin, hérita cette terre, qui passa à Philippe-Antoine-Dominique-François, son époux, et prince de Rubemprey.

A la mort de son père, Anne d'Avroult, princesse de Rubemprey, apporta en dot la seigneurie d'Hervart à Claude d'Oignies, seigneur de Rozimbos, cette seignerie dès ce jour, fut séparée de celle d'Avroult.

Après le désastre trop fameux de Crécy, Oudart de Renty, à la solde des Anglais, épousa le parti de Robert, comte d'Artois, qui avait levé l'étendart de la rébellion contre Philippe de Valois.

A la tête de cent mille Flamands, il s'empare des villes d'Estaires, de Merville, de la Gorgue de Saint-Venant, tente vainement le siège d'Aire, et met tout à feu et à sang jusqu'aux portes de St-Omer et de Thérouanne : Arques fut réduit en cendres ! Sur ces entrefaites Arnould d'Audrehem se couvrait de gloire sous les murs de Calais, où vînt le rejoindre, mais trop tard, Philippe de Vallois, avec un secours de deux cent mille hommes, et accompagné de ses deux fils et de nombreux seigneurs, parmi lesquels on distinguait le Sire de Renty. Il part d'Amiens, vers la Pentecote en 1347, pour se rendre à Arras, puis à Hesdin, occupant trois lieues d'étendue avec toutes ses troupes. Il traverse Blangy, Fruges, Fauquembergues, Avroult, etc., et arrive de nuit, le 13 juillet à Sangatte; développant ses nombreuses phalanges, vers les *noires Mottes*. Inutiles mais glorieux efforts!.. Calais reste au pouvoir de l'Angleterre, et la France fit avec elle une trève, que les deux puissances prorogèrent à diverses reprises, jusqu'à la fin du règne de Philippe VI.

Le 26 juillet 1355 les hostilités recommencèrent avec plus de vigueur.

Sans avoir égard à la trève précitée, Henri de Lancastre, débarque une armée anglaise à Calais, et ravageant la côte jusqu'à Boulogne, pille Etaples, tout le boulonnais, le comté de Fauquembergues y compris Avroult, le territoire de Thérouanne et celui de St-Omer. Le comté de St-Pol n'évite point les effets malheureux de la colère de ce tigre; il détruit totalement le parc d'Hesdin avec ses édifices, et n'arrête sa marche sanglante, que devant les portes de cette ville.

Bientôt la funeste journée de Poitiers mit le comble à tant de désastres. Le roi Jean et son fils, après avoir fait des prodiges de valeur, tombèrent au pouvoir de l'ennemi et furent conduits prisonniers à Londres, où ils arrivèrent le 24 avril 1357.

Cet infortuné monarque, après une captivité aussi glorieuse pour lui que la victoire, se rendit à St-Omer pour aller à Hesdin, traversant Avroult, Fauquembergues, Fruges etc., comme nous l'avons indiqué plus haut.

Les Anglais laissèrent de nouvelles traces de leur passage dans le village d'Avroult en 1370 : on sait que Robert Knolles partit de Calais au mois de Juillet, avec une armée de vingt mille hommes, et qu'après avoir saccagé tout le comté de Fauquembergues, il essaya vainement le siège de l'antique Thérouanne.

En 1521 le seigneur d'Avroult, comte de Licques, et gentilhomme du Hainaut, campait au-dessus de Valenciennes, sur les bords de l'Escaut, il commença les hostilités, lors de la prise de St-Amand et de Mortagne, par les impériaux, sous François Ier

Quelques années auparavant, le 18 Août 1513, après la bataille d'Enguinegatte, dite la journée *des Everons*, le brave Bayard soutînt noblement sa retraite du côté d'Avroult.

Au siège mémorable de Thérouanne 1553, parmi les vaillants capitaines qui combattaient au premier rang, pour garder à la France cette malheureuse cité; on distinguait le prince de Rubemprey, seigneur d'Avroult.

Dans une charge brillante à la tête de quelques guerriers, il fond à l'improviste, sur les troupes des sieurs de Noyelles et de Revel, tue tous ceux qui refusent de mettre bas les armes, et rentre dans Thérouanne, menant avec lui plus de deux cents prisonniers.

Une année après, le cruel destructeur de l'antique capitale de la Morinie, Charles Quint, allant à St-Omer après avoir été complètement battu à Renty, traversa Avroult. (1)

(1) *A l'entrée du mois d'aoust l'empereur vint asseoir son camp à la Marque St-Liévin, village à une lieue de Renty.*
(Mémorables journées des François, 2me partie.)

Désenchanté de la gloire de ce monde, ce puissant despote finit par s'ensevelir dans le cloître de St-Just!... Que n'a-t-il pris cette résolution après sa défaite de Metz, et l'infortunée Thérouanne, comme tant d'autres villes anciennes existerait peut-être encore!

D'après un dénombrement présenté à Philippe-le-Bon, duc de Bourgogne, et comte d'Artois, vivait à Fauquembergues, près des *anchiens fossés de ceste* ville et du *chasteau*, un sieur Louis d'Avroult.

Comme nous l'avons rapporté dans notre Notice de Merck-St-Liévin, on voyait autrefois dans ce village, une commanderie de Templiers; et depuis nous savons qu'à l'endroit dit le *Manillet*, s'élevait un petit couvent de religieuses de l'ordre de St-Benoit qui fut supprimé en 1496 par l'évêque de Thérouanne, Philippe de Luxembourg : (Derheims, Notices Historiques, du Guide de Vuatiné.

C'est donc à ces Templiers qu'on attribue le puits d'Avroult dont on raconte des choses étonnantes. Il paraîtrait qu'à plusieurs reprises, on aurait essayé de tenir l'eau plus haute, en y jetant force tombereaux de cailloux; mais que chaque fois, ils disparurent, on ne sait trop comment. Y aurait-il au fond, quelqu'ouverture latérale, avec une sortie sous jacente, ou du moins peu éloignée du puits?

On lui donne plus de quatre-vingt-dix mètres de profondeur, étant à l'embouchure fermé par trois énormes pierres en grés, d'une seule pièce, et de bout ayant 90 centimètres de hauteur, sur un mètre 50 centimètres de largeur.

Avroult reçut dans les premiers jours de septembre 1597, les troupes du Mayeur de St-Omer, qui

se rendaient à Fauquembergues, pour voler au secours du Mont-Hulin, dont le commandement avait été confié au sieur de l'Enclos (1). Ce renfort, et sept canons dont un leur avait été expédié de Fauquembergues n'empêcha pas le Mont-Hulin de se rendre, le 28 septembre, à Meudore Amirante d'Arragon, à la tête de 6,000 hommes, sous les ordres de l'archiduc Albert.

Les Français usèrent de représailles le 21 janvier 1598. Ils tombèrent de nuit sur plusieurs villages de l'Artois dont ils dépouillèrent les églises, entre autres celles de Ste-Croix, de Serques, et de Dohem, enlevant où brisant leurs cloches. Il n'y a point de doute que la petite chapelle d'Avroult, limitrophe de cette dernière commune, sur le passage de ces troupes n'ait été aussi privée de la sienne, dans cette échauffourée.

Celle de Delettes, tenant à Dohem, n'aurait-elle pas également éprouvé le même sort à un siècle de là?

Au reste nous donnons une note assez curieuse sur les trois anciennes Cloches de cette paroisse, consignée dans les archives de la Fabrique, par M. François Dournel, curé dudit lieu, 1690.

Poids des Cloches et de leurs batterets :

Celui de la grosse était de 2,630 livres, son *batteret* de 76; la deuxième, pesait 1,836, son *batteret* 52, enfin le poids de la troisième, était de 1,231 livres, et de 44, pour son *batteret.*

La première de ces trois Cloches existe encore aujourd'hui dans l'énorme tour de l'église de Delettes, les habitants ont pu l'avoir rachetée, au grand maître

(1) M. Louis Cousin, place dans la *Carte du gouvernement du Mont-Hulin*, le village d'Avroult. (Notice sur le Mont-Hulin).

de l'Artillerie, à qui toutes les Cloches comme la batterie de cuisine, appartenaient de droit, lorsqu'on ne venait pas les réclamer...

Celles de Delettes avaient été fondues en 1590, dans l'abbaye de St-Bertin à St-Omer, par Florent Delcourt de Douai.

Dame *Guislaine Deplanque* de la Maison de Bouin, avait donné son nom à la première; *Péronne* de la Maison de Canteleux, à la seconde, et la troisième, avait eu pour marraine, *Marguerite* de la Maison de Boulogne.

Voici les noms de la première Cloche, que je dois à l'obligeance de M. Blin, actuellement curé de cette paroisse.

Antonius equit : nobiliss : Joan de Renty, D : ni de Bouin, Upen, Delettes, Pocul, Sabletu, etc : Hujus te pli fondat :, et nobi D. Guislene Desplaques, fili primog : hac Cap, Guislena, Nucup.

Nous a faicte Florent Delecourt Dèmt à Douai 1590.

Avroult était autrefois couronné d'un bois dont parle le cartulaire de la seigneurie de Fauquembergues : la *Garenne* de ce comté y est-il dit, descendait les villages, à l'ouest, de là au Menil-Dohem, le bois d'Avroult, etc.

La chapelle de ce lieu, bâtie à l'endroit dit *Marca*, fut érigée, sur une autorisation de l'évêque de Thérouanne, par Dame Guillermine D'avroult, en 1520.

Un Chapelain dépendant du curé de Merck-St-Liévin, alors *maître* François Fontaine, fut attaché à cette chapelle, pour y dire la sainte Messe, et administrer les Sacrements, avec cette close néanmoins que les jours des Fêtes solennelles, il devait, aussi bien que tous ceux d'Avroult, assister aux Offices à St-Liévin, où là seul devait se faire les baptêmes et inhumations des personnes nées ou décédées dans ce hameau.

La Chapelle reçut quel qu'accroissement en **1632**, comme semble nous l'indiquer une pierre à ce millésime, qu'on remarque aujourd'hui à l'extérieur de la Sacristie, *bâtie seulement en* **1845**.

A cette occasion, nous citerons une excellente réflexion de M. Alexandre Hermand :

« L'augmentation d'une Chapelle, d'une Église, n'était pas seulement un acte de piété, c'était en même temps une œuvre de haute intelligence, de progrès, dans l'intérêt *de la liberté des peuples*, de leur *civilisation* et de l'*administration civile des États*; c'était dans son enceinte, où régnait l'égalité devant Dieu, que se réfugiait, comme dans un asile inviolable, les innocents et les coupables, que la justice humaine était à cette époque, souvent impuissante de distinguer. Le ministre de la religion, était l'instituteur, le notaire, le juge de le paroisse; et l'influence de ces hommes pieux et éclairés, disposait ainsi les peuples à la civilisation. »

Il serait bon que nos philosophes modernes comprissent bien toute la portée de ces paroles, aussi sages que vraies, rendant ainsi justice à la douce influence de notre religion sainte, ainsi qu'a ses ministres.

Le même auteur, dans son histoire Monétaire, nous observe que d'après un acte des Marguilliers de l'église de St-Denis à St-Omer, de l'année **1723**, la restauration de la Chapelle de la Ste-Famille, fut estimée, au prinée de Rubemprey, époux de l'héritière d'Avroult, la somme de dix-huit cents livres, monnaie courante en Artois, faisant quatorze cent quarante florins.

Au reste voici comme s'exprime ce judicieux écrivain, dans le 6me volume des Mémoires de la Morinie.

« Au commencement du 18me siècle, après le désastre de l'année 1705, dont la réparation (de l'église) était très avancée, en 1714, les Marguilliers de la paroisse St-Denis, s'occupèrent sérieusement de l'embellissement de leur église. La famille *d'Averoult* avait fondé la chapelle de la Ste-Famille; ses droits étaient en 1723, du chef de sa femme, aux mains de Philippe François, prince de Rubemprey. C'est à lui que s'adressèrent à cette date, M. F. Caron, curé de Saint-Denis, et les Marguilliers de l'église, pour solliciter des travaux de consolidation et d'embellissement à la chapelle de la Ste-Famille. Par acte notarié, il fut alors reconnu, que comme fondatrice, la famille du prince de Rubemprey *y avait seul droit de sépulture et autres honorifiques.* Le prince promet 1800 *livres, monnoye courante en Artois, pour rétablir cette Chapelle qui menace ruine*, moyennant cette somme, et l'abandon *de la despouille de la dite Chapelle, les dits Marguilliers s'obligent de la faire rebatir en entier aux frais de la Fabrique, et quoy qu'ils la fassent faire plus grande pour la régularité de l'église*, cette chapelle, *quoyque plus grande restera en entier à leurs Excellences et à leurs descendants, aux mêmes droits et prérogatifs.*

» Les Marguilliers s'engagent en outre, à replacer, dans les nouvelles fenêtres, les armoiries *des autheurs de leurs Excellences qui sont aux vitres* !....

« Un acte de garantie eut lieu entre les parties en

1728, et cette affaire paraissait terminée, lorsque environ neuf années après les Marguilliers adressèrent au Prince Seigneur d'Avroult, une nouvelle demande d'argent, *pour former dans la chapelle de la Ste-Famille un plafond, avec les ornements semblables à celui qu'ils ont été conseillés de faire faire dans la grande nef de ladite église, et dans la Chapelle de la Ste-Vierge qui fait simètrie avec celle de la Ste-Famille.* Les Marguilliers ajoutent; *que faute de cet établissement dans cette Chapelle, elle se trouverait seule dans ladite église, non plafonnée*, ils s'engagent, si le secours d'argent est accordé, à faire poser les armoiries de la maison de Rubemprey, *dans l'endroit le plus éminent du plafond, où serait la représentation de la Ste-Famille pour servir de simétrie à la représentation de l'Assomption, formée dans la Chapelle de la Ste-Vierge.*

Ils font remarquer *que les vitrages et pierres sépulcrales sont toutes aux armes de celles d'Avroult*, aux droits de laquelle la maison de Rubemrey se trouve aujourd'hui. »

La Chapelle d'Avroult reçut à diverses époques plusieurs donations qui servirent tant à son entretien, qu'à l'exercice du culte, jusqu'à la régénération de 92.

Ainsi l'avaient gratifiée d'une mesure de terre, en 1612, Guillaume et Jacques Coquempot; une autre mesure, Marand Fontaine; trois quartiers de Jacques Carpentier, et un quartier d'Henry Delecroix.

Elle obtînt en outre de Nicolas Legrand, une demi-mesure, dite la terre *Grogain*, près de la grande route d'Hesdin; trois quartiers au *Mont-Pitton*, de Pierre Plateau; trois autres de Jean Wandonne, et une demi-mesure de Guillaume Arquembourg, située à la *Croix de S-Liévin.*

A cette époque le couvent de Ste-Marguerite à St-Omer, reçut aussi quelques donations : trois quartiers de terre, d'André Legrand, charron à Avroult ; l'église de Ste-Aldegonde, trois autres également, de Jean Aurillot, ainsi qu'une demi-mesure d'Antoine Hulleux.

M. Pierre Joly de St-Liévin, desservait la chapelle d'Avroult en 1741 : pour ses propriétés, il payait au duc de Croy, Marquis de Warnecques, un droit seigneurial *de dix-sept sols, un dernier obole pite parisis, six boisseaux, un quart de bled, cinq oyes, deux chapons, quatre poules, une paire de gand, et les corvées.* Alors François Carpentier était bailly d'Avroult.

Cette localité et Merck-St-Liévin, nous fournissent plusieurs exemples de longévité peu commune.

Guillaume Boudenot y est décédé en décembre 1730, à l'âge de cent six ans ; son épouse, voulant sans doute, lui demeurer fidèle, même à la mort, le suivit dans le tombeau deux jours après ; nous ignorons, si elle était aussi centenaire.

Sont également décédés à l'âge de cent ans ; à Avroult, le 15 février 1734, Jean Fiolet; à Merck-St-Liévin, le 17 mars 1762, Anne Delannoy ; enfin Marie Parenty, âgée aussi de cent ans et neuf mois, le 18 janvier 1811.

Le 27 avril 1746 a été inhumé dans la chapelle d'Avroult, maître Robert Delebarre, vicaire du lieu, en présence de Messieurs Luto, curé de St-Liévin, Joly et Thubauville, ses vicaires.

Alors il existait dans ce village deux charrons : Mathias Lévêque et Legrand; un brasseur, Jacques Thuiller, dont le fils Antoine suivit la carrière ecclésiastique.

Philippe Cappel, d'Avroult, tenait garnison à la forteresse de Renty, en 1612.

Ce hameau salua les lauriers du brave Lameilleraie, qui se rendait à St-Omer, après avoir conquis, sur l'une des brêches d'Hesdin, son bâton de Maréchal de France.

En ce temps, diverses dénominations étaient attachées aux rues et terres d'Avroult : le *tille Barbe*, le *tille Allart*, *tille* du *Marets*, rue du *Fresne*, *tille Travelle*, *le Voyeul*, *tille pierre des épines*, *tille du Terte*, *le Fresne d'Avroult*, *le buisson du Hout*, *et le Val Mengard.*

Le château se trouvait près de l'église; le manoir féodal contenait vingt-deux mesures avec *un bosquet*; plus sept mesures au *Hecquet*, huit au *Val Mengard*, et douze autres au *Val de Warnecques.*

Le seigneur qui y résidait en 1741, était monseigneur Philippe-François, prince de Rubemprey, comte de Vertin. Il avait plusieurs hommes *féodaux* et *cottiers* pour lesquels il payait au prince de Croy, marquis de Warnecques, *dix mille parisis*, *vingt sols de cambelage, et en cas de vente ou de don le cinquième dénier.*

Il devait assister *au service des plaids de franque vérité, tenus tous les 15 jours en la cour de Wârnecques*, sous peine d'une amende de *trois florins parisis*, et autres droits de *redevabletées*, portés par les anciens titres et coutumes de cette province.

Feudataire du comte de Fauquembergues, le seigneur d'Avroult, était obligé d'envoyer dans les greniers de son Château, une certaine quantité de bled, *à la mesure de Fauquembergues.*

Ainsi le rapportaient dans un ancien *Terrier* : David Fromesen, 15 janvier 1433 ; de St-Obin en janvier 1560 ; et Pierre Galbart, 24 février 1623.

Ces droits étaient également exercés par le marquis de Warnecques, sur Jacques-François Pelletier, Conseiller du Roi à St-Omer, *à cause de son fief d'Avroult.*

En 1743 le 15 octobre, la *Maladrerie de Fauquembergues*, touchait une dîme de 83 liv. sur Avroult, pour laquelle elle versait seize rasières d'avoine, au Chapitre de St-Omer.

A cette époque, Jean Fiolet, remplissait la charge de *Prévost* d'Avroult, et l'abbé le Sot celle de vicaire ; décédé le 17 janvier, même année, il fut remplacé par l'abbé Bloquet.

M. Albert Carle son successeur, a été inhumé dans la chapelle d'Avroult, le 21 mars 1752, en présence de son père François, venu de Fruges, pour lui rendre les derniers devoirs.

Ces divers décès nous rappellent que, pour *les services du bout de l'an, du défun Touzart*, le sieur Coquempot d'Avroult, paya *trente patars*, pour luminaire, chandelles, et coupons, au sieur Ricquer, cirier à Wismes, le 24 janvier 1695.

M. Pierre de Lille, Chanoine et Receveur de l'église de Fauquembergues, 23 juin 1630, fait mention d'un Adam Caron d'Avroult, payant au profit de la dite église, 9 florins par an, pour arrérages d'une dîme à l'hôpital de Fauquembergues.

M. les bailly et gens de lois de cette vllle reçurent le 9 Mars 1768, une réclamation de M. Barthelot, Chanoine et Receveur du Chapitre de St-Omer, par laquelle il appert que cette Collégiale avait sur Avroult *le droit de dîme d'un tiers en la totalité, et du quint sur l'autre tiers, le surplus dudit tiers appartenait à l'hospice de Fauquembergues.*

Maintenant nous ne saurions préciser quand l'antique Seigneurie d'Avroult passa de l'illustre maison de Rubemprey, dans celle de Messire Joachim-Charles de Sandelin, Chevalier et Seigneur d'Avroult, Comte de Fruges.

Toute fois, nous lisons dans le *Cueilloir* de cette Seigneurie, qu'en 1768, Marie-Romain Lau, d'Avroult, fut nommé Garde de cette terre appartenant alors audit Seigneur.

La Cloche qui résonne aujourd'hui dans la campanille de cette Église eut en 1769, pour parrain et marraine, Messire Joachim-Charles Sandelin, Seigneur de Delettes, Avroult, etc., et Anne-Derothée-Josephe-Philippine Vitry, son épouse.

Avant la tourmente révolutionnaire, Avroult était du baillage de St-Omer, du ressort du Conseil Provincial d'Artois, oú siégèrent David et Tertard d'Avroult, convoqués extraordinairement dans l'Abbaye de Saint-Bertin, par le duc de Bourgogne, en 1412.

La République française venait d'être saluée, *une, indivisible*, et *impérissable*, en 1793.

Dieu sait l'arsenal de lois qu'elle mit au jour, pour maintenir ce nouvel ordre, qui, comme tout ce que les hommes font, devait éprouver tant de vicissitudes.

Cette année en vertu d'une loi promulguée le 3 août, les administrateurs du district de St-Omer autorisèrent ; le *trois Nivose*, le citoyen Derollet, maître de poste, à Avroult, de percevoir, pour sept chevaux, *un quintal d'avoine, quatre-vingts livres de paille*, et *autant de foin.*

Le 1er *Ventose*, le commissaire Obry, se rendit de St-Omer dans cette localité, pour l'exploitation du salpêtre découvert dans les demeures de Derollet, Jacques Dubois, Hilaire Delepouve et Jacques Wuilquin.

Deux autres commissaires obligeaient les *Aristocrates* à travailler le dimanche, les forçant au contraire à respecter le *grand* jour des *Décades*.

Les récalcitrants payaient de l'exil, où de leur tête, leur désobéissance. Ainsi les enfants du Bailly Soudan furent contraints de s'émigrer ; et une terre étrangère recueillit les cendres de l'un d'eux !

Augustin Leu qui partagea leur exil, ainsi que Legrand, eurent à la porte de leur domicile leurs effets vendus ; l'un pour 784 livres, et l'autre pour 1,550.

Douce égalité ! fraternité bien étrange !...

Le 9 Juillet 1792, une rixe sanglante eut lieu vers le soir, chez le cabaretier Jacques Pecqueur, et ne fut appaisée que très difficilement.

On se batit à coup de fourche, de fléau, de manche à charrue, de chenet, de *trassier*, et de bille à fagot. On proféra ces cris de mort ; tuons, tuons!.... et les coups de fusil retentirent ; dans la mêlée, on a remarqué une *mégère*, armée *d'une fourche à la viande*, lardant les mollets d'un *Aristocrate !*

Le 9 Thermidor, an III de la République, l'alarme fut de nouveau donnée à Avroult. Le Comité de Saint-Omer y envoie 500 hommes et une pièce de canon.

La fusillade s'engage, les Aristocrates sont obligés de fuir. Legrand et quelques autres tombent au pouvoir de nos énergumènes *au Minil*, et sont écroués dans la *cidevant église de Dohem!*

Un épisode qui a ici son côté plaisant, détournera un instant notre attention de ces scènes d'horreur, commises au nom de la liberté ! !

M. l'abbé Caresmel, ancien curé de Quelmes, était aussi poursuivi par un de ces forcenés Républicains. Comme un autre Saul, ne respirant que carnage, ce dernier allait mettre la main sur ce digne et inoffensif ecclésiastique. Une pensée salutaire lui vînt à l'esprit : *arrête*, dit-il, à son aggresseur, *ou tu es mort!* Ce mot fut pour lui la foudre qui terrassa Saul, sur le chemin de Damas...

Un *étui* de pipe, sans doute garni de cuivre, que l'abbé Caresmel lui présenta, en forme de pistolet, fit trembler notre homme, ses yeux fascinés virent une arme à feu, et ce stratagème adroit, sauva la vie de ce brave ministre du Seigneur.

L'année précédente le 29 Nivose, le citoyen Rolland, commissaire, avait enlevé deux cloches à Saint-Liévin, qui furent transportées au Directoire exécutif de St-Omer, pour être métamorphosées en pièces de canon ! Celle d'Avroult, fut plus heureuse ; elle était seule.... et puis comment aurait-on réuni le peuple *aux saintes Décades?*

C'est à peu près vers ce temps que remonte la confection de la route de St-Omer à Hesdin, traversant tout Avroult, et tracée le 30 mai 1772, en vertu d'un arrêt du Conseil d'Artois.

Elle est l'ancienne chaussée Romaine de Sithieu à la Canche Maritime.

Le 12 Brumaire, an IV, le citoyen Basile Lansel, est reconnu curé constitutionnel de St-Liévin et d'Avroult, en remplacement de M. Flament, que l'ostracisme avait banni du sol de la patrie.

Même année, Joseph Derollet, fut nommé maître de Poste à Avroult, par le ministre des Finances, le 15 Vendemiaire.

L'an XI de la République, le 23 Brumaire, sur le rapport de l'ingénieur des ponts-et-chaussées, en vertu d'un arrêté du Préfet du Pas-de-Calais, Augustin Faucon, eut la permission de construire le Moulin à Vent d'Avroult, devant placer l'axe à 30 mètres de la crête extérieure du fossé de la grand'route.

Ce village avait alors 66 feux, et 300 habitants; un percepteur, Joseph Legrand, aux honoraires de quatre centimes, au franc, et pour instituteur, Thomas Legrand, son frère.

Sur ces enfaites, Monseigneur de la Tour d'Auvergne, Évêque d'Arras, vu la pétition des habitants, à la date du 2 Ventose, nomma un vicaire à la chapelle d'Avroult, sous la juridiction du curé de St-Liévin, dès lors, pour la première fois on y fit les baptêmes et les inhumations, ainsi que les autres exercices du culte.

Jusqu'à 1808, l'abbé Blondel occupa dignement ce poste, pour lequel la commune allouait d'abord une somme de 300 francs, et un peu plus tard, celle de 400 fr.

Dès le 31 Décembre 1785, cet excellent prêtre, ou du moins son homonyme, avait été nommé à ce bénéfice, par Monseigneur de Partz de Pressy, évêque de Boulogne; son successeur fut M. Bonnière, ex-grand Chantre de la Cathédrale de cette ville.

En 1802, M. Collart occupait la cure de Merck-St-Liévin, en vertu des pouvoirs qu'il avait aussi reçus de Monseigneur l'Évêque d'Arras. C'est au désintéressement bien louable, de ce prêtre vertueux, que le vicaire d'Avroult, vit sa position moins précaire, par l'abandon que lui fit M. Collart, de tout le casuel de cette chapelle.

Ses successeurs imitèrent ce généreux exemple. Alors seulement, le cimetière fut clos de haies, par respect pour le séjour des morts; et le vicaire reconnu par l'État, sur la présentation de Monseigneur la Tour d'Auvergne.

Le 4 Avril 1806, le conseil municipal de St-Liévin, fit un réglement pour les bergers des deux communes, afin d'éviter désormais les rixes pour le *vain pâturage*.

Le 2 Mars 1808, il fut décidé par le même conseil 1° Que le *Courtil du Cras*, à Avroult, était libre de toute servitude; 2° Qu'on devait bâtir une maison vicariale; 3° Acheter les vases et ornements nécessaires pour la chapelle dudit lieu.

En 1809, elle perdit son vicaire dans la personne de M. Lefort, décédé à l'âge de 38 ans, et inhumé dans le cimetière d'Avroult le 26 Mai courant.

Vinrent après lui, comme vicaires indépendants : MM. Bonnière, Blin, Anselin, et aujourd'hui l'excellent M. Delemaire, comme *curé* de cette paroisse.

Cette commune, quoique séparée pour le civil, depuis le 8 Juin 1834, par Ordonnance Royale, doit son érection en succursale, le 18 juillet 1842, à des personnes bienfaisantes que l'amour du bien public domine. Que ne m'est-il permis de les nommer ici; trop modestes, elles sont accoutumées depuis longtemps, à ne vouloir d'autre récompense du bien qu'elles font, que la satisfaction de le faire.

Néanmoins le pays a noblement récompensé leurs bienfaits, en appelant ces hommes généreux au Palais-Bourbon et au Luxembourg, où ils siègent actuellement comme pairs de France, et comme Députés.

M. Delemaire dont on ne saurait trop louer le zèle, a embelli beaucoup l'église d'Avroult.

Cet édifice a 190 pieds de longueur, sur 84 de large; il s'y fait un pélerinage, en l'honneur de St-Antoine.

Les meilleurs tableaux qui le décorent proviennent de la chapelle d'Hervart, ainsi que plusieurs ornements sacerdotaux.

M. A.. d'Avroult, sincèrement attaché à son lieu natal, quoique résidant à St-Omer, lui a procuré le beau tableau de la Ste-Vierge qu'on remarque aujourd'hui, au-dessus du Maître-Autel; plus, une somme de 300 francs, pour la décoration de l'église., etc., etc.

Un bénitier en grés orné de plusieurs figurines gothiques, paraît être très ancien; on le remarque à droite près de la porte d'entrée.

Avroult a donné le jour à M. Wuilquin, maintenant curé de Nordkerque, à qui cette paroisse doit sa belle église bâtie seulement depuis plusieurs années.

Si le souffle révolutionnaire n'eut pas renversé le calvaire situé au Mont d'Avroult, l'image du Christ sans doute, eut retenu le poignard d'un assassin resté jusqu'ici inconnu.

Pierre-Joseph Duflos, âgé de 61 ans, a été trouvé le 28 Juin 1819, percé de vingt-et-un coups de couteau, près de l'emplacement de l'ancienne croix! Cet infortuné retournait la nuit à Reclinghem, son domicile.

Une mort tragique vînt enlever plus tard, à une famille désolée une pauvre enfant, Hortense Huleux, que la chûte d'un arbre écrasa le 4 Octobre 1843.

En Novembre 1845, M. le Préfet Desmousseaux de Givré, accorda, pour acte de dévouement, 25 fr., à Firmin Alloucherie, d'Avroult, pour avoir descendu dans le puits du sieur Derollet, afin d'en retirer le cadavre du malheureux Caroulle, cabaretier.

A cette fin si cruelle, occasionnée par une fièvre cérébrale, une autre non moins surprenante, est venue frapper subitement Nicolas Coubriche, dans la nuit du 28 Novembre. Quelle fut la surprise de ses enfans, qui le soir, l'ayant vu si gai et bien portant, le trouvèrent, à leur réveil, endormi pour l'Éternité!

Le 4 Mai 1846, le Ministre de l'instruction publique, accorda à cette localité un secours de 1500 fr., pour l'établissement ou la réédification de son école.

Avroult compte aujourd'hui 336 habitants, administrés par MM. Soudan, Maire; Pochol, Adjoint, et M. l'abbé Delemaire, Curé; son Instituteur est M. Villain.

Cette Commune a 454 Hectares 91 Ares 80 Centiares de superficie, possède un Débit de Tabac, un Four d'excellente Chaux; et est le point de réunion des gendarmes de Fruges, de Lumbres et de St-Omer.

En 1839, le 12 Mai, son Eminence le Cardinal de la Tour d'Auvergne, Évêque d'Arras, venant à Saint-Omer, de Fauquembergues après y avoir administré la confirmation, fut agréablement surprise, au milieu d'Avroult, où l'attendait un bel Arc de Triomphe, érigé sur la grand'route, par les habitants de cette localité.

Le Conseil Municipal, le Maire en tête, adressa un compliment à son Eminence, compliment qu'elle reçut avec toute la grâce et toute l'amabilité qui est si naturelle à ce vénérable Pontif.

Enfin nous terminerons notre notice sur Avroult, en donnant la description d'une assemblée d'hommes et de femmes qui s'y tient tous les ans, le deuxième dimanche de Juillet, et où se reunit la jeunesse du canton.

Ces sortes de marchés, s'appelaient autrefois, *Marchés aux Filles*, remontant à la plus haute antiquité, et avaient lieu dans des sites remarquables (HARBAVILLE). Ces usages méritent d'être étudiés et médités, dit le Docteur LE GLAY, parce qu'ils offrent l'empreinte du caractère et des mœurs du peuple chez lequel on les observe.

Cette assemblée des deux sexes vulgairement appelée le *louage*, est la seule avec celle de St-Omer que nous connaissions en France, toute à l'avantage des domestiques sans place ou qui veulent changer de condition.

Notre collègue, M. EUDES, Vice-Président de la Société, et qu'une mort prématurée a enlevé si cruellement à ses nombreux amis, s'exprime ainsi en parlant du *louage* de St-Omer, et que nous pouvons dire à la lettre du *louage* d'Avroult :

« C'est là (sur la grand'route) que dès le matin, se rassemblent beaucoup de personnes de tout âge et des deux sexes, qui se placent sur deux lignes, les hommes d'un côté, les femmes de l'autre, les fermiers et leurs ménagères, se promènent gravement au milieu, jetant d'abord un coup d'œil sur l'ensemble de tous ces individus, singulier bazar qu'ils examinent avec le regard scrutateur d'un marchand turc où d'un colonel d'infanterie. Ces personnes revêtues modestement attendent impatiemment qu'on leur adresse la parole. Elles présentent leurs mains calleuses ; plutôt que d'y étaler une toilette hors de saison, le mantelet classique et le mouchoir sur la tête, sont toute leur parure. Les plus robustes, sur les certificats qu'ils présentent de leur moralité, de leurs services, sont souvent les premiers loués. Le prix convenu, les *deniers adieu* sont aussitôt donnés, maîtres et domestiques s'en retournent ensemble.

IMP. de **Van Elslandt.** — *St-Omer.*

www.ingramcontent.com/pod-product-compliance
Ingram Content Group UK Ltd.
Pitfield, Milton Keynes, MK11 3LW, UK
UKHW012121240726
13965UKWH00005B/1888